Ciclo de vida de
La mariposa

Angela Royston

Traducción de Patricia Abello

Heinemann Library
Chicago, Illinois

Customer Service 888-454-2279
Visit our website at www.heinemannlibrary.com

Designed by Celia Floyd
Illustrations by Alan Fraser
Printed and bound in the United States by Lake Book Manufacturing, Inc.

07 06 05 04 03
10 9 8 7 6 5 4 3 2 1

Library of Congress Cataloging-in-Publication Data
Royston, Angela.
   [Life cycle of a butterfly. Spanish]
   Ciclo de vida de la mariposa / Angela Royston ; traducción de Patricia Abello.
     p. cm.
   Summary: Introduces the life of a Monarch butterfly, from its beginning as a tiny egg laid
On a milkweed leaf through its metamorphosis from a caterpillar to an adult butterfly.
   Includes bibliographical references (p.) and index.
   ISBN 1-4034-3018-7 (HC)—ISBN 1-4034-3041-1 (pbk.)
1. Monarch butterfly—Life cycles—Juvenile literature. [1. Monarch butterfly. 2.
Butterflies. 3. Spanish language materials.] I. Title: Mariposa. II. Title.
QL561.D3 R69518 2003
595.78'9—dc21
                               2002038816

Acknowledgments
The author and publishers are grateful to the following for permission to reproduce copyright
material: A–Z Botanical Collection/N. K. D. Miller, p. 4; Bruce Coleman/Frans Lanting, pp. 26,
27; Bruce Coleman/Andrew J. Purcell, p. 18; Bruce Coleman/John Shaw, p. 11; Dembinsky Photo
Association/S. Moody, p. 10; NHPA/Dr. Eckart Pott, pp. 21, 22; NHPA/John Shaw, p. 5; NHPA/
Rod Planck, p. 12; Oxford Scientific Films/Breck P. Kent pp. 6, 8; Oxford Scientific Films/J.A.L.
Cooke, pp. 7, 24, 25; Oxford Scientific Films/Rudie H. Kuiter, pp. 9, 14, 15, 16, 17; Oxford
Scientific Films/Tom Ulrich, p. 12; Oxford Scientific Films/Harry Fox, p. 19; Oxford Scientific
Films/Norbert Wu, p. 20; Oxford Scientific Films/Dan Guravich, p. 23.

Cover photograph: Superstock

Our thanks to Anthony M. V. Hoare, Butterfly Conservation, for his comments in the
preparation of this edition.

Unas palabras están en negrita, **así.** Encontrarás
el significado de esas palabras en el glosario.

Contenido

Así es la mariposa

La mariposa es un insecto. Tiene seis patas, cuatro alas y dos **antenas.** Muchas mariposas tienen alas de colores vivos, como ésta.

1 día   1 semana   4 semanas   6 semanas

En cada parte del mundo viven
distintas mariposas. La mariposa
de este libro es una monarca de
América del Norte.

10 semanas

32 semanas

33 semanas

Salida del huevo

La mariposa comienza su vida como un huevito. La monarca pone huevos en una hoja de **algodoncillo.** Poco después de una semana, el huevo se abre.

6

¡Una pequeña **oruga** sale del
huevo! La oruga abrió un agujero
en el huevo con la boca y luego
se comerá toda la cáscara.

Oruga

La **oruga** come y crece. Mastica la hoja con sus fuertes **mandíbulas.** En poco tiempo le ha hecho un gran agujero a la hoja de **algodoncillo.**

1 día

1 semana

4 semanas

6 semanas

De todos los huevos salieron orugas.
Muchas se están alimentando de la
planta de algodoncillo. Se arrastran
de una hoja a otra mordiendo trocitos.

10 semanas

32 semanas

33 semanas

10

La **oruga** crece, pero su piel no crece. La piel le queda estrecha y un día se abre. Debajo, ¡la oruga tiene una nueva piel más grande!

I día   I semana   4 semanas   6 semanas

La oruga crecerá más y mudará de piel cuatro veces. Ahora camina por el tallo agarrándose con sus muchas patas.

11

10 semanas

32 semanas

33 semanas

12

La **oruga** come y crece. Los demás animales no se la comen porque las hojas de **algodoncillo** tienen algo que le da muy mal sabor a la oruga.

1 día   1 semana   4 semanas   6 semanas

Este pájaro come insectos, pero
cuando ve las rayas amarillas y
negras de la oruga monarca no
se la come. El pájaro ha aprendido
que la monarca sabe muy mal.

10 semanas

32 semanas

33 semanas

Pupa

4 semanas

Cuando la **oruga** ha crecido por completo, **hila** un cojín sedoso debajo de una hoja. Se agarra del cojín y muda la piel rayada por última vez.

14

1 día

1 semana

4 semanas

6 semanas

Debajo de la piel hay una **pupa** verde. ¡La oruga está lista para transformarse en mariposa!

15

10 semanas

32 semanas

33 semanas

Mariposa

16

Dentro del capullo duro de la **pupa,** el cuerpo de la **oruga** cambia. Un día la pupa se abre y sale la mariposa.

1 día

1 semana

4 semanas

6 semanas

Al principio tiene las alas húmedas y arrugadas. Las alas se secan y se abren lentamente. Ahora la mariposa está lista para volar.

17

10 semanas

32 semanas

33 semanas

La mariposa revolotea de flor
en flor comiendo **néctar**.
Desenrolla su larga lengua
y chupa el dulce jugo.

1 día   1 semana   4 semanas   6 semanas

Los pájaros no se comen a la
monarca. El **algodoncillo** que dio
mal sabor a la **oruga** todavía está
en el cuerpo de la mariposa y le da
mal sabor.

10 semanas

32 semanas

33 semanas

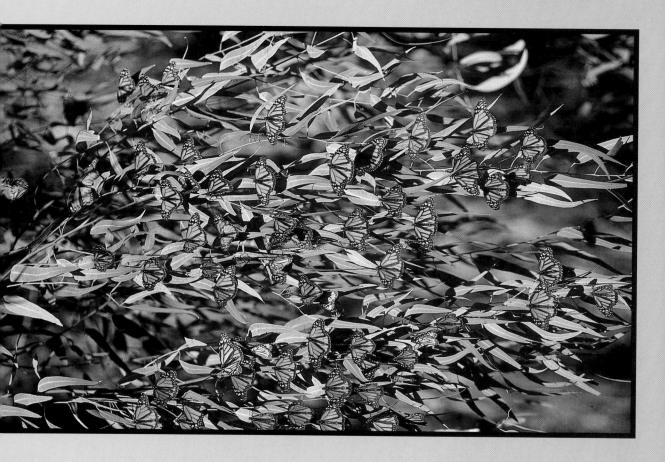

20

Es otoño y está empezando a hacer frío. Las mariposas monarca se reúnen en las ramas de los árboles.

1 día   1 semana   4 semanas   6 semanas

Revolotean
hacia el cielo.
Vuelan hacia
el sur hasta
que llegan a
las montañas
de México,
donde hace
más calor
aunque sea
invierno.

10 semanas

32 semanas

33 semanas

Las mariposas están muy cansadas. Se amontonan en pinos a descansar y a dormir todo el invierno.

1 día

1 semana

4 semanas

6 semanas

Cuando llega la primavera, las mariposas se despiertan con el calor del sol. Comen **néctar** de flores. Casi todas vuelan hacia el norte.

10 semanas

32 semanas

33 semanas

24

Las mariposas descansan durante el viaje. Este macho encontró a una hembra que está lista para **aparearse.** Después de aparearse, la hembra pone huevos.

1 día   1 semana   4 semanas   6 semanas

La hembra pone huevos en una planta de **algodoncillo.** Las mariposas viven sólo unas pocas semanas más. Para entonces, de los huevos saldrán otras **orugas.**

10 semanas

32 semanas

33 semanas

El viaje continúa

En México una fuerte tormenta maltrató a las mariposas. Algunas se recuperarán y llegarán al norte. Otras morirán durante el viaje.

1 día

1 semana

4 semanas

6 semanas

Pero durante el camino, nacen otras **orugas.** Cuando sean mariposas, también volarán al norte. Allí se **aparearán** y pondrán sus propios huevos.

10 semanas

32 semanas

33 semanas

Ciclo de vida

Salida del huevo

1

Oruga

2

Pupa

3

4

Mariposa

5

Mariposa

Apareamiento

Huevos

6

7

Datos de interés

Las alas abiertas de una mariposa monarca miden más o menos lo mismo que tu mano abierta.

Las mariposas monarca son las mariposas que vuelan más lejos. Durante su viaje hacia el norte y de regreso al sur vuelan hasta 1,800 millas (3,000 kilómetros).

Las mariposas usan las **antenas** para oler y sentir. Huelen la comida y los olores especiales que despide el macho cuando está listo para **aparearse.**

Glosario

algodoncillo clase de planta

antenas especie de pelos largos
que tienen en la cabeza los insectos

aparearse cuando un macho y una
hembra se unen para tener cría

hilar hacer un hilo largo

mandíbulas partes que se mueven
de la boca de la **oruga**

néctar jugo dulce que producen
algunas flores

oruga mariposa joven antes de que
cambie a **pupa**

pupa etapa de la vida de una
oruga en la que cambia a mariposa

Más libros para leer

Un lector bilingüe puede ayudarte a leer estos libros:

Crew, Sabrina. *The Butterfly*. Chatham, NJ: Raintree Steck-Vaughn, 1997.

Heligman, Deborah. *From Caterpillar to Butterfly*. New York: HarperCollins Children's Books, 1996

Legg, Gerald. *Caterpillar and Butterfly*. Danbury, CT: Watts, Franklin Inc. 1998.

Índice